서정시학 시인선 |030|

불꽃
비단벌레

최동호 시집

서정시학

불꽃 비단벌레

시인의 말

정신주의의 구극을 가고 싶었다.
그 소실점에서
불꽃에서 비단벌레가 날아 올랐다.
영롱한 빛 비단벌레 날개를
바라보며
뒤집어진 구들장에 죽 한 그릇
끓이는 마음으로
침묵의 먹을 갈아 시편들을
다듬었다.

2009년 2월
최동호

‖ 차례 ‖

시인의 말 | 5

1부 눈썹 사이로

사람의 바다　13
번개 눈썹　14
몽당연필　15
패랭이꽃 나비　16
삽살개　17
하루살이　19
불꽃 비단벌레　20
담쟁이　22
칼바위 숨소리　24
춘자 누나　26
어머니의 겨울 집　28
은수저　30
초록별 시인의 노래　31

2부 유목민을 위하여

정희 고모 35
해리 포터와 가출 소년 37
아름다운 손 39
기러기 아빠 41
여름 술잔 42
겨울 주문진 어시장 45
두부 부스러기 47
복제된 염소 49
테크노피아의 유목민 50
데스밸리 시편 52
1. 하얀 소금/2. 모닥불/3. 모래언덕/4. 가시나무/5. 붉은 신호등
철원공산당사 61

3부 비형(鼻荊)의 노래

수백만 개의 공놀이   67
박수근   69
노인과 수평선   72
몽유조어도(夢遊釣漁圖)   74
카프카와 석가와 장자와 어머니, 어머니   76
아우라지 간이역   79
인사동 이야기   80
반가사유상   82
함박눈   84
비형(鼻荊)의 피리   86
비단 치마   88
분황사의 용   90

4부 죽 한 그릇을 위하여

푸른 나뭇잎 95
설산의 흰 눈 96
문둥이 왕 98
병 속의 바다 100
따뜻한 죽 한 그릇 101
돈암동 시장 102
명태의 눈물 104
모래 거품-겨울 정동진에 가면·1 106
민박집 들창문-겨울 정동진에 가면·2 108
외로운 타인-겨울 정동진에 가면·3 110
봄의 목소리-겨울 정동진에 가면·4 112
돈암동 파 할머니 114
구들장 116
해설 | 권혁웅 117

1부 눈썹 사이로

사람의 바다

여름 종로 보도블록 들어 보라

사각의 모래밭에 푸른 바다가 있다

태양이 등 그림자 밀고 가는 한낮

사람의 바다가 파도 거품 일으킨다

번개 눈썹

벼락 맞으러 가라
엉덩이에 수박 이파리 펄렁거리고

번개 눈썹
소나비 사이로 달려가

물장구치는
개울가 아이들

몽당연필

백지 살결 위에 톡톡 부러진
작은 연필심 같은,

송사리 떼
하얀 눈자위, 까만 눈동자

물가에서 구름일기장 넘기다가
손뼉치고 놀러 나가는
산들바람 친구들

구름 물고 다니는 송사리 떼
하늘을
떠도는 영원한 술래다

패랭이꽃 나비

패랭이 꽃잎 바람이 운다
설핏 잠 든 아이의
까만 눈망울 나비가 날아간다

너울거리는 패랭이 나비
노란 날개
세상의 공터 찾아온 도깨비 그림자 발걸음이다

꽃 그림자 마당 위 쓸고 있는 사이
노란 꽃 이파리에서
살짝 빠져 나온 패랭이 날개

바람결에 환하게 흔들리면
놀란 아이 눈망울에서
이승의 검은 나비 훌쩍 날아가 버린다

삽살개

딸랑 딸랑

세상을 점쳐 보아라
그대 가는 길은 내가 가는 길
내 가는 길에
삽살개 한 마리 더불어 *
귀신 따위는 멀리 쫓아버리고

딸랑~딸랑~

걸림 없는 세상 네 마음대로
뛰어 놀아라
동쪽도 서쪽도 없이
그대 가는 길은
나비 등 타고 훨훨 날아,
사막도
바다도 건너서
하늘로 가는 길

바람이 당기는 길은
그대와 내가 함께 가는 길
가재 발걸음 이리저리
삶도 죽음도 넘어서
하늘, 너머
저 훤한 허방 세상

별빛으로 점쳐 보아라

들리지 않는, 방울소리야.

딸랑~딸랑~딸랑~

* 김교각(697-794) 스님은 신라 성덕왕의 아들로 24세에 삽살개 한 마리를 데리고 중국 당나라로 건너가 구화산으로 들어가 지장보살의 서원을 세우고 수행하여 등신불이 되었다고 한다.

하루살이

하루치 삶이 생의 전부라니……
떴다 사라지는
엷은 생의 눈꺼풀들아

실금 눈웃음
깜, 빡, 하는 순간
억장 무너져

어디서 무얼하다
가는지도 모르는
이승에서

악착스런 백년의
삶도 하루 하루 스쳐간
하루살이야

떴다 사라지는 생의
눈꺼풀들아
너 정말 어디서 이 하루를 기다려 왔느냐

불꽃 비단벌레

부싯돌에 잠들어 있던
내 사랑아!
푸른 사랑의 섬광
가슴에 지피고 불 속으로 날아가는
무정한 사랑아!

소용돌이 치는 어둠에서
탄생한 유성이
지구 저편 하늘을 후려쳐
다른 세상을 열어도
태초의 땅에 뿌리 박혀 침묵하는

서슬 푸른 돌의 사랑아!

유성이 유성의 꼬리를 잘라
번갯불 밝히는 밤
은하 만년을 날아서라도 나는
네 얼굴 보고 싶다

영롱한 생명의 빛
불꽃 가슴을 점화시켜 다오
비단벌레 날개빛* 내 사랑아!

﹡ 경주 황남대총에서 1970년대 초 출토된 5세기 신라시대 유물 말 안장 뒷가리개에는 비단벌레 날개가 장식으로 사용되었는데, 그 빛이 아름답기 그지없어 세계적으로 주목받았다.

담쟁이

담쟁이 여린 잎사귀가
하얀 거미처럼 바람 타고 기어가는
한여름 벽돌담

바람이 잎사귀 흔들 때마다
담쟁이 붉은 줄기들이
하늘로 깃을 세운다
흙 속의 실뿌리처럼
벽돌담 모래알을 움켜쥔
잎사귀에서 땀방울이 떨어진다

무성하게 자라오른 잎사귀들 끝내
벽돌담 모래알에 깃을 떨구고
반짝이던 고개 숙이며
하늘 향해 작별의 손 흔드는 늦은
여름날 저물녘

나 한때 바다를 향해

팔을 내저어 보았던 어린 날
그 작은 손들이
바람을 찾으려고 이파리를 흔들 때마다
벽돌담은 파도를 불러일으켜
푸른 바다를 향해 깃발을 휘날리고

담쟁이 잎사귀는 벽돌담 너머
다른 세상 몰래 훔쳐보다
깜짝 놀란 아이처럼
초저녁 하늘 숨어 있는 별들을
손가락으로 불러들여
이렇게 숨가쁘게 빛나게 한다

칼바위 숨소리
— 「여행수첩」에서 H에게

바위산을 오르다 보면
땀방울은 돌멩이처럼 툭툭 떨어지고
밖으로 휘젓는 팔들은
푸른 나뭇가지에 불길을 일으킨다.

바위산을 오르다 보면
서툰 발걸음을 거부하는 날선 바위가
뼈와 살을
팽팽하게 잡아당기고
하늘을 향해 활짝 열린 대지가
심장의 박동을 세찬 북처럼 몰아친다.

바위산을 오르다 보면
거죽 위의 헛된 발걸음들 물리치고
마지막 물기마저
떨쳐버린 바위가
바람의 깃털을 붙잡는다

바위산을 오르다 보면
칼바위 틈에 날아와 싹을 틔운
솔나무 뿌리가 작은 햇살
머금어 애살스런 팔을 흔들어 보인다

바위산을 오르다 보면
거죽 위를 걷는 자들의 무거운 발걸음들은
제 무게를 지상에 벗어버리고
단내 나는 혓바닥을 구부려
빈 계곡의 숨소리를 하늘 높이 들어올린다

춘자 누나

春子가 와서 너를 업어주던 때가 아마 열두 살이었을 게야…… 그 아이 아버지가 찾아와 하도 먹을 것이 없다고 해 끼니라도 때우라고 거두어 주었는데, 어린 것이 남의 집에 와 기도했겠지…… 갑자기 기억도 아스라한 열두 살 계집아이 앙당한 등이 담쟁이 줄기처럼 선하게 떠오르고 칭얼대다 잠들던 어린 내 목소리가 들려왔다.

春子 그 아이도 벌써 반백의 할머니가 되었다고 하드라지…… 어머니의 말끝이 어둑해졌다…… 늦잠을 깨웠다고 투정부리다 엄마에게 야단맞고 허둥거리며 아침 늦게 학교에 간 단발머리 딸아이는 이제 열두 살! 칭얼거리던 나를 달래던 열두 살 계집아이의 한 뼘 앙당한 등이 투정부리던 아이의 뒷모습에 겹쳐 안스럽게 따뜻했다.

아버지 가시고 고독의 둥치가 더 무거워진 어머니와 오랜 세월의 말벗처럼 단풍잎 다 떨어진 창밖의 나무를 바라보았다. 겨울바람 차가움이 살풋 이마에 감도는 늦은 가을 저녁 철없는 어린 나를 등에 업어주던 春子 누나의 세상살이 이야기가 어스름 연기처럼 골목길 돌아 나와 어두워지는 거실 바닥에 낮게 그림자를 드리우며 애잔한 어둠을 불러들이고 있었다.

어머니의 겨울 집

연탄 가는 어머니의 새벽 발걸음 소리
정겹게 들던 겨울
삼백 포기 김장독에서
우걱우걱 괴어 오른 붉은 김칫물

살얼음을 지치며 자라던
우리 팔남매 신발들이
콩나물대가리처럼 오글거리던 댓돌과
하나만 이가 빠져도
허전한 눈길로
자꾸 두리번거리던 어머니의

낮은 말소리가 여울져 흐르던
낡은 한옥 집 대청이나
한여름 기와지붕
검은 골을 타고 모여든 빗방울 소리같이
세상사 재잘거리던
저녁 밥상 숟가락들……

나무결 반들거리던 대청의
실오라기 먼지마저
쓸고 가던
치맛자락
산기슭같이 그윽한 어머니 집 떠나와

격자창 너머에서
어머니의 겨울 발걸음 소리 듣는
오늘 새벽녘
그보다 나이든 아들의 눈동자에
까닭 없이
성에꽃 피어난다

은수저

굽은 허리 이제는 펴지 못해
이빨 빠진

내 생애는
돌이킬 수 없어

할머니는 닳은 은수저를 내려놓으며
한숨처럼 말했다

네 인생은
구부리지 말고 제대로 살아가 보렴

초록별 시인의 노래

쪽빛 하늘 검게 어두워가도 높은 산 마주 대하고
벼랑가에서 하늘의 책 조용히 읽어 주던 당신
저물녘 산그늘에 낮게 깔린 그윽한 눈길 퍼져나가

아-하 그리운 눈동자 초록별 시인은 아니었을까.

부챗살 불빛 펼쳐 세상을 빛나게 하던 당신은
먹구름 뚫고 나온 힘찬 햇살 다시 세상을 비추어도
눈부신 얼굴 다가서지 못해 멀리서 보던 당신은

아-하 그리운 눈동자 초록별 시인은 아니었을까.

우리가 그리던 큰 바위 얼굴 시린 가슴의 눈동자
지구 저편 바람불어 희망의 날 노래하던 당신은
먹구름 뚫고 나온 힘찬 햇살 다시 세상을 비추어

아-하 그리운 눈동자 초록별 시인은 아니었을까.

2부 유목민을 위하여

정희 고모

경기도립병원 지나 수원 지원 옆길에서 정말 우연히 만났다. 고향 떠나 어디서 숨어 산다는 소문이 들리던 고모가 골목길 돌담에 핀 작은 꽃잎 같은 입술로 나를 불렀다. 고모부가 갑자기 임시서기로 취직이 되어 이리 와 살고 있다는 것이다. 외가 집에서 중학교에 다니던 나는 그 날 저녁 단간 셋방 고모 집에서 말없이 큰 눈만 껌벅거리던 고모부와 함께 푸짐한 저녁상 받고 아무에게도 말하지 말라는 고모와의 약속을 굳게 지켰다.

정희 고모는 어느 날 다시 홀연히 사라졌다. 어린 시절 가장 예쁘고 똑똑해 온 집안의 사랑을 독차지했다던 정희 고모가 잘 나가던 고모부와 왜 그렇게 숨어 살아야 했는지 그 이유 나는 알지 못했다.

가출소년처럼 나도 외가 집을 떠난 다음 오랜 후까지 그날 정희 고모가 나를 부르던 그 은밀한 목소리의 떨림이 전해 왔다. 고모부와 헤어져 혼자 산다는 이야기도 들려오고 또 다시 남자를 만났다는 이야기도 들려 왔지만 저녁상 부산하게 차려오며 부모 곁을 떠나 어린애가 얼마나 외롭겠느냐고 호들갑을 떨며 반가워하던 정희 고모의 그 들꽃 같은 눈빛을 나는 아직 잊을 수가 없다.

해리 포터와 가출 소년
-마술 카드와 부모들

떠돌이 거지가 나타나 피리를 불자
아이들은 그 떠돌이 따라
울창한 숲속 황금 나라로 갔다
해리 포터가 하늘을 날자
가출한 아이들도 모두 빗자루 붙잡고
마법의 꿈속을 날아다녔다

어떤 부모들은 벼락출세 하고
어떤 부모들은 아직도 노동을 하고
어떤 부모들은 해직되고 마는
무상한 세월이
저벅저벅 저 홀로 가는데
마술 카드를 발견한 아이들은

하늘 피리 마음껏 불고 싶어
빗자루 타고
하늘 높이 날았다
마술 카드에 신들린 아이들은

꿈에서 깨어나
집으로 돌아올 수 없다는데

전생의 빚에 목 졸린
부모들은 모두
아이들 생각하며
잠들지 못했다
죄 없는 아이들 신기루 쫓아

마술 나라로 가고
덫에 걸린 이승의 부모들은 자루 없는 비로
날마다 쏟아지는
노란 은행잎
말없이 쓸어야 한다

아름다운 손

베란다 앞 넓은 공터가 보기 좋아 셋집 정하고
오랜 세월 함께 살아 온 책
백여 상자를
고층으로 끌어 올려 늦여름 이사하고 보니
바로 베란다 밑 한구석에
미처 못 본 폐품 처리장이 있었다
버려야 할 것도 다
추려내지 못한 채
폐품 처리장에서 포자처럼 날아드는
지난 기억들 그저 망연히 바라볼 뿐이었다

담배 피워 물고 자세히 보니
멀리 인수봉과 백운대가 병풍처럼 둘러서 있는데
아파트 벽돌담과 폐품 처리장 사이에
조그만 채마밭이 있었다 해질녘 누군가 채마밭에 나와
흙을 고르고 물을 뿌리고 있었다
폐품 처리장의 한 노동자가
찬거리라도 마련할 양으로

가을 배추씨 심고 있었을까

이사 첫날 밤 뒤척이는 마음을
벽돌담 사이
채마밭 일구는
그 손이 다독여 주었다

낯선 자리에서 몸 뒤틀던 책들도 그제서야
자리 잡는 것이었다
처음 본 넓은 공터가 아니라
벽돌담 사잇길 조그만 채마밭이
파지처럼 구겨진 마음을
흙 속에 갈무리해 주었다

기러기 아빠
　—「여행수첩」에서

과녁을 명중시키지는 못하고 조금
빗겨 날아간 퉁명스런 화살처럼

어버이 마음 헤아리지 못하고
한눈 파는 철없는 아이처럼

여린 씨 솜털 싸서 멀리 날려 보내는
풀꽃 어미 마음 알아보지 못하는데

자갈이 날아가면 백 리를 가지만
모래가 날아가면 만 리를 간다고*

비울 수 없는 마음의 짐 등에 지고
황사길 홀로 날아가는 기러기 아빠

* 속담의 한 구절

여름 술잔
—1996년 늦여름 정한숙 선생님

가래 섞인 느린 말씀 중에도
가끔 술잔 바르게 고쳐 놓으면서
땅땅 치던 놋쇠 재떨이를
가까이 끌어당겨
담뱃재를 툭툭 털었다

야단맞는 학생의 자세로
푸른 빛 담배 연기는
구불구불 천정으로 피어올라가고
잘못 털린 담뱃재는
그 분 어깨 너머에
힘없이 쌓였다 부스러졌다

살아 있는 광채가
일몰의 햇살처럼 잔주름 깊은 눈가에서
제 그림자 끌고
당신의 후광 뒤에 거느린 어스름
무엇인가 불빛 너머 찾아보면

그림자 짙어 가는 저녁 발걸음 외에
아무 것도 없었다

그분이 살아온 숨가쁜 세월
정지시키려 기침 할 때마다
손 끝에 만져지는 것은
누구도 막을 수 없는,
생의 나무에서 떨어지는 빈 껍질 아니었을까

평생의 친구 맑은 소주가 작은 잔에
바다처럼 찰랑거려도
떨리는 손 쉽게 멈추지 못하는데
세월을 감아 도는
이야기는 어디서 멈출지 알 수 없어라

마른 눈에 물기 번질 때 역광의
불빛 너머 도사린

늙은 어둠은 어느 틈에
우리들의 오랜 이야기의 속살을
딱딱한 수피(樹皮)로 감싸고
담뱃진 밴 손가락은
망망한 바다에
노란 가랑잎처럼 떠 힘없이 떨고 있었다

겨울 주문진 어시장

변두리 떠도는 성긴 눈발들
등 뒤에 발걸음 서성거리게 하고
붉은 국물 엷게 밴
싱싱한 사발낙지 한 마리
살짝 데쳐
좌판 소주 한 잔에
바늘 침으로 집어 올릴 때
누린내 졸아드는 국물 위로
첫사랑 여자의
망설이던 눈동자 떠오른다

어깨에 쌓인 눈 툭툭 털어내고
살진 사발낙지 마지막
한 점 씹어 넘길 때
머나먼 바다를 떠돌던
방랑의 귀향자들아!
바다를 향해 작별의 깃발을 흔들어라!

자욱한 어둠이 먹물처럼 목구멍에 차오르면
얼얼한 얼굴에 부딪쳐 오는 찬바람
좌우로 가르며 선창가 걷는다

다가설 수 없는 그리움 껌벅이는
오징어 배 불빛
눈가에 가물거리고
빈 터
떠돌던 진눈깨비
불빛 환한 선술집 유리창에 몸 부딪쳐
참았던 눈물
터뜨리며 얼었던 몸 부르르 떤다

두부 부스러기
―박완서의 산문 「두부」를 읽고

어두운 골목길에서 누에처럼 꿈틀거리며
밖으로 나오던 그가
갑작스런 환한 햇빛에 질려
뒤로 물러서려는 그 때
환영 나온 식구들은
입술 터지게 두부를 먹인다
햇빛 가리려고 치켜들었던 손으로
턱을 훔쳐 내리려 해도
술지게미 같은 두부 부스러기가
덩어리진 입술은

세상을 향해 피어나는 작은 꽃잎이다
오무락거리는 생의 욕망
어둠속에서 죽은 거미처럼
까맣게 시들었던 꽃
햇살 펼쳐진 세상 밖으로 나가려 해도
지옥의 동지들이
분노의 눈길로 지켜본

벽돌 틈 흰 시멘트 금들은
감금된 자들이 어둠에서 짜낸 마른 치약 같은 세월
검붉게 녹슬어 가는데

바다 깊이 난파된 가슴 다 꿰매지 못했는데
환영 나온 식구들이 갑자기
이겨 붙인 이팝꽃
두부 부스러기들이
하얀 겨울햇살 빛나는 턱 아래
우박처럼 떨어져 내린다

복제된 염소

종이 책 속 활자를 풀잎처럼 씹는다
맛있다고 울 때마다
까만 염소 똥은 하얀 코드를 입력한다

엉덩이 휘감는 꼬랑지로는 결코 몸뚱이
가릴 수 없다
복제된 염소가 디지털 코드의 책을 먹는다

유전자 코드가 박힌 풀잎을 씹을 때
염소는 염소가 된다
염소 똥 코드는 금박물린 성서 표지처럼 까맣다

배가 불뚝한 염소가
풀밭 위를 귀신처럼 날던 비닐봉지를 먹는다
배 불뚝이 염소가
신이 만든 옛 금박 표지 까만 코드를 잊고

제어판을 전환시킬 숫자 코드를 입력한다

테크노피아의 유목민

책을 버리려면 저자가 떠오른다.
책을 전하며 그들이 말없이 보내던
따스한 눈길, 또는
원고 쓰던 손끝의 악수,
저자가 다 죽었다는 오늘날
책 또한 다 사라지고
영상의 메모리만 떠 있다

책을 버린다, 책 주인도 사라진다
시집 속 시는 영 시시하다
소설 속 이야기는 헛된 불장난이고
평론가 강변은 변사의 요설이다
책을 버린다 저자 이름이
떠올랐다 사라진다

이삿짐에서 묵은 책을 빼든다
조금도 망설이지 않는다
책 주인의 얼굴들도 스쳐간다

그들 모두 컴퓨터 부호가 된다
사람이 부정된다
책에 숨결 불어넣던

사람들 온기가 섞인
따뜻한 슬픔도 다 사라진다
모니터의 불빛 눈동자만
저자의 혼불 찾는
별 없는 사막의 해커처럼
테크노피아 천국을 떠돈다

데스밸리(Death Valley)* 시편

장엄한 것은 인간을 진실하게 만든다.

모래 산에는 영원도 찰나도 없다.

생명체가 살 수 없는 이 모래 산에

최초의 발길은 황금을 찾던 인간의

위대한 모험에서 시작된 것이다.

모래 산에 남긴 그 작은 발자국

영원을 찾아가는 바람이 날려 보낸다.

---

* 데스밸리(Death Valley): 미국 캘리포니아 남동부의 분지로서 남북 길이는 225km, 동서 길이는 8~24km이다. 1849년 이곳을 통과하며 엄청난 고통을 겪어야 했던 불운한 이주자 집단이 이곳을 데스밸리라고 이름 붙였다.

* 데스밸리 산들은 3,000m 내외의 높은 산들이고, 가장 낮은 곳은 해저 82m이다. 가장 낮은 곳이 배드 워터(Bad Water)이다. 아직도 바닥에 소금이 하얗게 서려 있다.

1. 하얀 소금

장엄한 모래산에 화살처럼 질주해 들어가면
살아 있는 것은 모두
뼈가 부스러져 회백색 모래 흙이 된다

태고의 바다가 말라
하얗게 변색된 지상의 뻘바닥
나는 해저에 앉아
지상의 일몰*을 등뒤로 넘겨준다

바닥 드러낸 소금 바다
엉덩이 문양이 메마른 흙에 박히고
낮게 부는 바람이
화석에 찍힌 물고기
시신(屍身)을 인양한다

처연하게 물드는 황혼의 풍경을 흔들며
지평선 위로 부스스하게
솟아오른 갈대들
잊지 못할 풍경을 갈무리하듯
사진 한장에 박아 둔다

2. 모닥불

모닥불 피워 늦은 저녁을 먹는다
등 뒤에서 두터워지는 어둠이 차가운 바람을 타고
한겹씩 모닥불 가까이 넘어 들어오고

포도주에 젖은 말소리가
대지 저편까지 낮게 울릴 때
인디언들의 북소리가 환청처럼 타오른다

일렁거리는 불빛이
두려움 잊은 들짐승들을
사람 가까이 불러온다

텐트 위에 별들이
누뤄알처럼 총총히 맺혀 있다
새벽녘까지 잠들지 못한 나는
지평선 너머로 별똥들이 우박처럼
떨어지는 소리를 들었다

해뜨는 저쪽 어쩌면 인디언들이
엿보고 있을지도 모른다고 중얼거리며
지난밤 쏟아진 별들의 잔해가
안개 피어올려
하얗게 탈색된
겨울 태양을 바라보며 서리 밟히는
모래사막 천천히 걸어본다

3. 모래 언덕

차가운 대지에 불씨 퍼뜨리는 태양
놓치지 않으려고
서둘러 짐 꾸리고 차를 달린다
떠오르는 태양을 왼편에 두고 오른쪽 산
돌아보고 다시 방향 바꾸어

왼쪽 산을 바라본다, 사방으로 뚫려
막힐 것 없는 길을 달리면 지금까지
덮쳐누르던 것들
바람에 부서져 모래가 된다, 구불텅한

비포장 길 굽이쳐 돌아 모래 언덕*에 도착한다.
밀가루보다 더 부드러운 모래가
뻣뻣한 육신을 푹신하게 받아들인다

모래 언덕에 누워 티 없는
하늘 한 번 바라보고, 담배 한 모금 피워
청량한 공기를 가슴속 해저까지 끌어당겨 본다

* 모래 언덕(Sand Dune): 데스밸리 한가운데 있는 모래사막 지대.
높은 산맥들 사이에 곱고 하얀 모래가 넓게 펼쳐져 있다.

4. 가시나무

모래 위에 어찌 발자국을 남기겠는가
실뱀 지나간 자국에서 가느다란 생을 보고
엉겅퀴 가시로 무장한
앉은뱅이 나무뿌리에서 굽히지 않는 생의 가시를 본다

한방울 물도 거부한 절대의 모래가 아니라면

해골 뼈다귀 무성한
가시나무를 뿌리박게 허락하지 않았을 것이다.

아무 것도 보이지 않는 주변
어제 저녁 보았던 코요테*가 어디선가
작은 움직임도
지켜보고 있는 것 같다

발자국을 남긴다는 것이 무엇이겠는가
한 줄의 시가 또한 무엇이겠는가
바람소리가 타이어 밑으로 기어들어
차체를 후려치는
죽음의 계곡을 달린다

막다른 길 뚫고 나가 살아야 한다
우리를 사막 한가운데로
내몰았던 어떤 전율이
액셀러레이터 밟는 발끝에 전해 온다.

* 코요테(Coyote): 데스밸리에 살고 있는 여우와 유사한 동물. 인디언들이 신성시하며 북아메리카 인디언들의 구전 설화에서 인간을 지켜 주거나 인간의 예술을 창시한 문화 영웅으로 여겨진다.

5. 붉은 신호등

살아 돌아갈 실오라기 같은 길, 죽음의 계곡은
아무리 가속을 밟아도 쉽게 끝나지 않는다
집 몇 채가 우두커니 서 있는
첫 마을
모래사막보다 더 먼 곳에
순결한 그리움 간직한
사람들이 별처럼 살고 있다 장대에 걸린 빨래가
감추어 두었던 그리움을 하얗게 펄럭인다

검은 구름이 평원 저 쪽을
장악하고 등 뒤에 거센 바람을 휘몰아온다
반역자들은
신성한 나라에서 영원히 추방된다
어둠이 어깨를 부딪치며 모여들기 시작하는 저녁
크고 작은 불빛이 글썽거리는
LA 시가지를 굽어보는 오르막길에서
물결 일렁이는 어둠속 불빛을 바라본다

인간은 많지만 사람이 없는
도시는 눈물겹다
우리들이 몰고 온 사막의 낙타가
붉은 신호등에 걸려
가쁜 숨을 걸러내지 못한다
일요일 오후 도시로 귀환하는
운전자들 눈동자
집어등에 몰린 물고기 눈이 붉다

철원공산당사
  —이성선 시인을 기리며

살아 움직이는 것들 죄다 얼어붙어
자동차도 미동하려 하지 않는 겨울날,
이성선 시인과 비무장지대
도피안사 철불 찾아가다가
지붕이 날아간
철원공산당사에 들어가 보았다
폭격 맞아 폐허 된 건물
지린내나는 계단을 도는
모퉁이 골방에서, 뼈가 비틀리는 하얀 비명소리
환청처럼 들리던 그날
왜 그렇게 몸이
무겁게 삐그덕거렸는지 모르겠다

당일 찍은 사진에는
낙서가 즐비한 벽면에
오후 햇빛 환하게 머물고 있었는데
돌아오는 저물녘 찬 바람이
검은 파도를 해일처럼 몰고 와

말소리도 굳어버리고
움츠린 걸음걸이도 꼬부라진 채
시동이 걸리지 않던 자동차로
헤드라이트 불빛이 포탄처럼 어둠을 꿰뚫는
밤길 달리면서

얼어붙은 외투가 갑옷 같아 고개도
돌리지 못하고
쫓기듯 남으로 질주하였다
지금도 가끔 어떤 일이
풀려나가지 않을 때 갑자기
죽은 이성선 시인의 소년같이
해맑은 미소가 떠올랐다 스러지고
헐거워진 몸이
움직여지지 않고 삐그덕거리면

폭격 맞은 철원공산당사의
반쯤 칠 벗겨진 시멘트 계단을 우연히

올라가 보았던 그 날 저녁
검은 파도 타고 소리치는 아귀들이
휘몰아쳐 오고
공포의 덫에 걸린 얼굴들 떠오른다

3부 비형(鼻荊)의 노래

수백만 개의 공놀이

하늘에서 지상으로 떨어진 공
후두두둑 여기저기서
빗방울처럼 튀어 오른다
공 속에서 재바른
손이 불쑥 따라 나와
튀어 오르는 공을 사로잡는다

붙잡힌 공이 소리 지르면
공 속에서 더 재바른
공의 손이 불쑥 나와 마술 같은
손놀림에
수백만 개 꽃이
박수 소리 타고 튀어 오른다

공을 잡으려 해도
공의 그림자만
제 각기 튀어 올라
공의 그림자들이 물 속에 얼비치는

제 그림자 지우면서
소용돌이 속으로 빨려들어 간다

되돌아 나오는 소리도 없고
그림자도 없는 세계가
만들었던 공을 지우고
잡았던 공의 꼬리 저도 모르게
놓쳐버리는 순간 마술사가
허공에서 천 개의 손을 놀리듯
수백만 개 공이 후두두둑 꽃처럼 피어난다

박수근
－구슬에게

거친 돌의 표면에
일렁이던 햇빛과 바람결
정(釘)으로 가다듬고
돌덩이에서 사물의 형상을 꺼내던
옛 거장의 정교한 눈으로
겨울바람 부는 풍경의 여백을 그릴 때
박수근은 천년
세월을 되살린다

헐벗은 겨울나무들
지상의 뿌리가 하늘 향해 가지를 뻗고
가난한 여인네들
함지박에 남루한 생을 담아
파도치는 시대를 걸어간다
차가운 돌의 숨결에
가슴 저리게 간직한 소망의
탑 축성하기 위해

신라 백제 방방곡곡에서
징발된 무명 석공들은
이승의 무량공덕 빌어가며
얼마나 많은 돌 조각을
비수처럼 제 눈속에
찔러 넣어야 했을까

한 눈 실명한 박수근이
널빤지에 그린
무명 옷 사람들,
그림자 없는 사랑의 탑을
물에 새기던
백제 석공 아사달
아사녀 간절한 피가
화강암 속살에 흘러
함박눈 녹여낸다

겨울나무의 뿌리는

높은 가지 끝에 봄의 새소리를 매달고
아사달의 아기를 등에 업은 아사녀는
봄 그림자 거느리고
오늘의 풍상
소용돌이치는 회갈색 바다 느리게 걸어간다

* 현진건의 장편소설 「무영탑」은 「삼국유사」 설화를 바탕으로 한 것으로 백제의 석공 아사달을 사랑한 아사녀가 석가탑이 완성될 날을 기다리다 영지(影池)에 빠져죽은 비극적 사랑의 이야기이다. 신라시대의 〈영지(影池)〉라고 전하는 큰 연못이 지금도 경주 교외에 있다. 만년의 박수근은 한쪽 눈이 거의 실명 상태에 있었다고 한다.

노인과 수평선

가물거리는 수평선을 무릎 아래 두고
저물녘 개 끌고 가는 노인의
구부정한 실루엣은 전생의
주인을 모시고 가는
충직한 하인처럼 공손하다

다음 생에서 개는 주인이 되고
노인은 개가 되어
서로의 실루엣을 끌고
한 생애를 살아갈 것이다, 먼 바다에서

새벽을 열려고 달려온 파도가
해안선을 하프의 현처럼
길게 잡아당겨
어둠을 멀리 날려 보낸다

먹이 찾아 새벽 갈매기가 끼룩거리는
모래사장에서 개와 함께

뛰어 노는 아이들도
한 생애 바퀴를 굴리고 나면
언젠가 다시 저물녘
가물거리는 수평선을 그의 무릎 아래 두고
구부정한 실루엣과 더불어
해를 끌고 가는 노인이 될 것이다

몽유조어도(夢遊釣漁圖)

새벽잠 얼핏 깨어 새우등 구부리고
서리 묻은
오동나무 뿌리 베고 생각하니
고향집 벽에 걸려 있던
그림 속 고기잡이 노옹이
불쑥 나타나 말없이 웃고 간다

어젯밤 잠들기 전
오래도록 신선을 찾으려고
고서를 뒤적였던 탓일까
어릴 적 고향집
그림 속 흰 수염 노옹이
고향에 돌아가지 못해
눈감고 여기 누워 있는 것일까

꿈밖의 경계에서
나를 바라보는
반백의 내가

고향집 흐린 벽에 걸린
고기잡이 백발 노옹을 만나

옛 이야기 정겹게 나누면서
하룻밤을 호탕하게 지샌 다음
새벽잠 얼핏 깨어나니
고향집 그림벽은 사라지고
새우등 구부린 나는
한 생애 회귀한 물고기처럼
고기잡이 노옹에게 붙잡혀
여기에 당도하고 만 것 아닐까

카프카와 석가와 장자와 어머니, 어머니

안개 속 헤매다 끝내 성으로 들어가지 못한
카프카는
어느 날 아침 갑자기
딱정벌레가 된
갑각의 다리를 꿈틀거리다가
자기 보고 실신한
어머니를 애절막하게 두 번이나 불렀다 *

하늘이 하는 일을 알고 있던
莊子는
어느 날 꿈속에서 나비가 되어
꿈속의 나비가 자기인지 꿈꾸는
자기가 정말 자기인지 알 수 없었다

벌레가 나비가 되고 나비가 벌레가 되니
석가모니는
무에서 비롯된 생이
진정한 내가 없는

헛된 꿈의 환영임을 깨달았다

세월의 주름이 갑자기 내비치는 어머니를
흘낏 본다
팔 다리 가늘어지고
무거운 몸 움직이기 힘들다

어린 아이였던 내가 비단치마 입은
어머니 꿈속의 나비였을까
아니면 한때
젊었던 어머니가
이승으로 날아온 나비였을까

벌레가 나비가 되고
나비가 벌레가 되고 다시
나는 어머니가 되고
전생의 허물 벗은 어머니는 내가 되어

소리쳐 부를 수 없는
꿈속의 벌레 나를 바라본다

＊카프카의 「변신」에서 벌레가 된 그레고르 잠자는 살려달라고 소리
치다 흉한 몰골의 자기를 보고 실신한 어머니를 향해 '어머니 어머니'
나지막하게 탄식하듯 불렀다.

아우라지 간이역

겨울로 가는 정선 길

햇빛 소복한 시골집 툇마루 구석

오래 머물지 못하는 나뭇잎

쟁쟁한 기차소리

벤치를 떠나는 뒷모습

멀어지는 사람의 향기

인사동 이야기

술 한 잔 먼저 시켜놓고
약속한 사람을 기다리는 막간의 시간
우연히 올려다보니
술집 천장에 불쑥 솟아나온
서까래가 누군가의 갈비뼈 같다

떠돌던 세상도 싫증나 버리고
이상스레 집이 그리워도
어찌하다 돌아가지는 못하고
어느 허름한 술집 뒷방에 처박혀
천덕꾸러기 되어 살다

야단스런 주모의
호된 구박에 팔다리가
따로 노는
늙은 떠돌이 그림자가
약속한 사람보다 먼저 와

아무도 없는 초저녁

빈 술집

천정에 갈비뼈 드러내고

홀로 회백색 벽에 건들거리며

세상살이 이야기 나에게 전하는 그런 밤이다

반가사유상

취기 오른 밤
인사동 지렁이 골목길 돌고 돌아
낡은 술집 문 열다가
문득 만난 청동 반가사유상
들킬까 숨죽이고 바라보던
첫사랑 여인처럼 품에 안고 집으로 돌아왔다

아침 햇살에 어수선한 밤
이야기들 다 지우고
흰 플라스틱 포장지 풀어
거실 한쪽에 자리 잡게 하였더니
이사 온 새 집 허공을
부유하던 먼지들이 사유의 무게로 가라앉는다

젊은 석가는 이천 오백년 전 단식과
설산 고행 끝에
인간의 苦에 대한 사유를
꿰뚫어 마쳤다는데, 21세기 어느 무명의

조각가가 빚어낸 청동 반가사유상 앞에서
부유하던 마음이 평정을 얻는 것은
무슨 까닭일까. 이라크전의 불기둥이
경축일 불꽃놀이처럼 터지는 TV 옆에서

반가사유상은 지금 우리에게
무얼 말하고 있는 것일까.
바그다드 도심지가 청동의 대포에 무너지자
도적 떼들이 약탈을 자행하고
중생들은 축생처럼 도처에 널브러져
살생의 포연이 자욱한 자리에
한 송이 연꽃을 던지는 청동 반가사유상

조용한 미소 말이 없어도
연꽃 물살 이랑을 넓혀가지만
아직도 나는
술냄새 풍기는 입으로
누항의 거리에서
사유하는 무명의 인간을 찾고 있다

함박눈

검버섯투성이 부도 위로 살그머니 내려 쌓이는
함박눈
허공이 하아 하고 입김을 토하다
함박눈!
하고 허공의 함박눈을 불러 본다

쌓이다 말다 조용히
가려던 함박눈이
허공에서 남김없이 파선하듯
스스로 부스러지며 굴러 떨어진다
부도 속 조사가

부르다가 깨우치지 못한
허공의 소리 들었나 보다
몇 백 년 전
낡은 옷 벗고 간 조사가

함박눈! 하고

튀밥처럼
허공의 빈터 깨우던 소리가
하늘에 울려 퍼진다

부도 속 조사가
검버섯투성이 낡은 옷 벗고
살 위에 함박눈
내려앉는 소리 듣는 순간
자기 부르는 소리인 줄 알고
깜작 놀라
고개를 돌리려다 멋쩍게 웃는다

비형(鼻荊)의 피리

오색구름에 싸인
성스러운 넋이 지상에 내려와
하늘의 향기가 감도는
도화녀의 방에서 태어난
비형은*
코가 빠진 사나이

황천 언덕에서 하늘피리 불어
하룻밤에 다리 놓고
인간을 배신한
귀신 길달이
여우로 둔갑하여 도망치자
귀신 무리들에게 명하여 징벌하니

비형은
모든 귀신들이 우러러 받드는
우두머리 귀신
성스러운 왕의 넋이 깃든

귀신이라

풀길 없는 서러움에 한많은 인생들아
황천 언덕에서 하늘피리 불어라
지상의 영기 피어올라
비형이 내려와 춤추는 달밤

비운의 사나이들아
한바탕
네 세상 힘껏 뛰어놀아
잡것 쫓고 코 뺏긴 서러움 다 풀어 버려라

* 「삼국유사」의 「도화녀와 비형랑」의 이야기 속에 등장하는 도화녀와 죽은 사륜왕 사이에서 태어난 귀신아들.

비단 치마

건장한 사나이와 사랑하고
서악에 올라
서라벌 시내가 오줌바다로 질펀했다는
보희 언니의 꿈 이야기*
비단치마 주고 산 문희는

공놀이하다 옷고름 찢긴
늠름한 사나이
춘추공을 만나
남몰래 사랑의 씨 잉태하였으니

장작더미에 타오른 김유신의
원대한 불꽃이여
아름다운 사랑의 꿈 지핀
삼국 통일의 원력은

김유신의 어린 누이가 당차게
새 세상 펼치려고

꿈의 비단 팔아서 내뻗은
바다 같은 오줌발이
원대한 사랑의 신기 머금었기 때문이리니

천하를 잉태하고 싶은 여인네들아
서악에 올라가
비단치마 세상에 펼치고
세상 뒤바꿀 동악의 사내를 향해
치마 물결 넘치게 오줌발 내쏘아라

* 「삼국유사」의 「김유신」에 나오는 이야기이다.

분황사의 용

용은 떠나고 메마른 우물은
버려져 있었다, 옛 하서국 사람이
분황사의 용을 저주하여
작은 물고기로 만들어
붓 대롱에 넣어 가려고 했다가
극형에 처하겠다는
왕의 벼락같은 추궁에 놀라
다시 용을 놓아 주었다는 그 우물이다*

절을 지키며 뛰어놀았다는 용이
지금 어디로 멀리 갔는지
작은 안내판을 목에 걸친
옛 우물은 마른 먼지만
풀풀 날리고 있었다 우물가에서
발길을 멈춘 나는
옛 신라로
걸어 나갔다가 천년 전 길을 찾지 못해

앞을 가누지 못하는 사람처럼
눈길 가늘게 뜨고
입시축원
독경 소리만 높은
분황사 뒷마당을 걸어 보았다

원효 강론 시절**
이 오래된 우물이
세상에 가득 흘러 넘쳐서
진리를 갈망하던 사람들 구름같이
모여들게 하고
하늘과 땅에 빛을 뿌리던
용이 인간과 더불어
절을 지키던 아름다운 시절이 그리웠다.

* 「삼국유사」 「원성왕조」에 나오는 설화이다

* 원효(617-686)는 분황사에서 화해와 회통을 사상적 바탕으로 「화쟁론」을 펼쳤다고 한다.

4부 죽 한 그릇을 위하여

푸른 나뭇잎

가을밤 비 오는 창밖 내다본다

물에 젖은 검은 머리칼
바람에 날리며
캄캄한 방 안의 나
들여다보는 깊숙한 눈동자

물들지 않은
푸른 나뭇잎 하나가
유리창에 붙어
멀리서 공부하는 딸아이의
작은 손바닥처럼

비바람에도 떨어져 나가지 않는다

설산의 흰눈

경배합니다
나마스테*
첫 음절 굴리기도 혀가 굳어
어색한 내 목소리에

하얀 이 드러내고
만면에 환한 웃음 피워 내던
히말라야 고산족들,
쓰러져가는 어두운 움막집에서도

맑은 눈동자 빛내던 아이들
애비가 부르는 글 공책에 받아쓰던
작은 고사리 손등은
이름 없이 高山에서 피었다 지는
정결한 히말라야 꽃이다

나—
마—

스-
테,
파동을 일으키는
말의 이파리들
천천히 혀 속으로 굴려볼 때마다
雪山의 흰 구름이 떠간다

히말라야 고산족, 마르고
까만 얼굴에서 솟아나던
하늘 호수 눈빛
설산의 흰 눈
깊이 고인 성스러운 빛
경배합니다
나~마~스~테

*나마스테: 히말라야 고산족들이 주고받는 인사말로 '당신의 마음 속에 있는 신에게 경배합니다' 라는 뜻. 이 인사말 하나로 그들은 낯선 사람들을 활짝 웃으며 맞아주었다.

문둥이 왕

밀림의 왕국 앙코르와트에서
사람을 놀라게 하는 것은
거대한 석조물들의 장엄한 미소가 아니라
검게 그을린 돌들만 지키는
문둥이 왕의 테라스이지요

거지 탁발승 시절 문둥이가 부처*라고
깨달은 설악산 노스님이
거기에도 한 분 계셨던 것이지요
산이 높다 해서 명산이 아니요
사찰이 크다고 해서 명찰이 아닌 것처럼

밀림의 대제국을 지배하는 권력자가
자신 앞에 무릎 꿇지 않는
오직 한
스님의 목을 베자 하얀
핏방울 튀어 문둥병자가 되었다는 이야기는

밀림의 나무들이 뒤엉켜

왕국으로 가는 길을 사백 년이나
가로막아도
금빛 전각을 불태운 작은 촛불처럼 가볍게
바람의 메아리 타고 나가
천하무적의 왕이
휘두른 덧없는 칼날의 이야기를
꺼지지 않는
쉰 목소리로 사람들에게 소곤거려 주지요

* 설악산 산감 무산 스님은 전후의 궁핍한 시대였던 1950년대 후반 문둥이 부부와 함께 다리 밑에서 살며 한겨울 탁발생활을 했다. 그때 문둥이가 부처라는 사실을 깨달았다고 한다.

병 속의 바다

피서객이 떠난 모래사장
거꾸로 박힌 소주병에 바다가 출렁이고 있다

대지의 형벌은
팔 들어 지울 수 없다

누가 사랑의 피리를 부는지
병 속의 바다에서 파란 휘파람 소리 들린다

따뜻한 죽 한 그릇

옛날 인도 오래된 시장 거리에서 죽 팔던
가난한 현자가 살고 있었는데
그 노인이 전생의 나였다는 것이다

추운 겨울날 우연히 따뜻한 죽 한 그릇
얻어먹었던 그는
이승에서 전생의 그 공덕 갚아주기 위해

나에게 공덕을 드리워야 한다는 거였다
죽 한 그릇 남에게 베풀지 못하고 가는
사람은 내내 이승에서 하루살이로 떠돌고

죽 팔던 노인은 작은 정성 나누며 살다가
다시 따뜻한 죽 한 그릇 공덕으로
거지 성인이 되어 옛 거리로 돌아갈 것이다

돈암동 시장

긴 가뭄 끝에 내리는 겨울비
좌판 위 생선들 눈이 짓물러
붉게 물든
얼음 조각들이 뿌옇게 녹아내린다
떡 가게 처마에 매달린
호박 고지들이
용수철처럼 비틀어지다가 겨우
한숨 돌리는 축축한 겨울

어물가게 아주머니는 더 춥다고
두꺼운 담요 속으로
달팽이처럼 파고든다
수족관 개불도
힘없이 늘어져 흐느적거리고
비닐차일은
불룩하던 배에서
주루룩 빗물을 쏟아낸다

좌판 위 생태가
무거운 눈알 힘없이 내리깔고 돌아눕자
생선 날비린내가
훅 끼쳐와 나도 모르게
고개 돌리고
돌부리에 채인 것처럼 발걸음 빨리 놓는
돈암동 시장 골목길
상한 생선 내장처럼 구불통한
길바닥
생선비늘 같은 빗방울이 등뒤를 쫓아온다

명태의 눈물
—「여행수첩」에서

모래 바람 휘도는 내 마음은
푸른 바닷가 덕장에서 싸락눈 맞으며
줄줄이 꿰어 달려
내장 창시 다 비우고
눈동자에 어리는 동해바다
살 말리는 생태 같아라

얼음 섞인 눈물 흰 모래 속에
뚝뚝 떨어뜨리며
찬 바람 날리는
죽지 깊이 파묻고
한 켜씩
살얼음에 굳어가는
붉은 혀끝 끝내 다물지 못해라

풍설에 휩싸인 불면의 밤 지우려고
손가락에 소금 찍어
잔에 담긴 푸른 바다 마시다가

싸락눈 때리며
까닭 모르게 솟구치는 모래 바람
울렁거리는 바다 물결에
간 밤 취기 날려 버리려 해도
소용돌이치는 세상사
모래 바람 휘도는 내 마음은
푸른 바닷가 덕장에서 싸락눈 맞으며
살 말리는 생태 같아라

모래 거품
— 겨울 정동진에 가면 · 1

어디서 불어와 어디로 가는지
바람도 사람도 정처 없는
방랑자들의 간이역
겨울 정동진에 가면

어둠의 절벽을 휘돌아
밤 기차를 따라온
세찬 파도가
휑한 눈 시리게 출렁거린다.

산모퉁이 철길이
튕겨 나갈 것처럼 바다로 향한
겨울 정동진에 가면, 신산한 세상
힘겹게 살아가야 했던 사람들에게도

세상의 험한 일들
간이 무대에서 춤추는 그림자처럼
흔들리다 부스러져

파도 거품에
지푸라기와 함께
잠드는 흰 모래가 된다.

민박집 들창문
—겨울 정동진에 가면 · 2

거친 바람 멀리 날려 보낸 파도 소리가
작은 창문 들이치는 밤
민박집 전등이
돌아가라 고개를 덜컹거려
머물렀다 돌아가는
세상 물살 외진 불빛에 비춰보게 된다

쓸쓸함은 홀로의 것이지만
방랑이란 언제나 병든 마음 치유하는
온유한 손길
펼치는 것이어서
홀로 찾아와 그저 바라보기만 하다가

날려버린다는 것은
끝내 되찾지 않는다는 것

돌아가지 않으려 마음먹었던 방랑자들도
바람의 손길 뿌리치지 못하고

모래사장의 둥근 돌 집어
바다 멀리 방랑의 발길 날려 보낸다

세상으로 돌아가 다시
오지 말라고
산더미 같은 파도가
민박집 들창문 부서지게 흔들어 깨운다

외로운 타인
- 겨울 정동진에 가면 · 3

정처 없는 어두운 바람이
청량리역 시계탑 중앙광장에서
대각선으로 눈보라를 휘몰아 간다
자동차 길이 고압선 퓨즈를 녹이고
얼어붙은 심야

쏟아지는 눈발 뚫고
어디선가 눈꺼풀 비비며
모여들었던 방랑자들
끝내 또 다른 생명의 불씨 찾아갈 수밖에 없어
끼룩거리는 어깨 차칸에 싣고

태백의 등줄기 타고 내려
겨울 정동진에 가면
방랑자들의 발길 돌리려고
소리치듯 철길 가까이 몰려온
검푸른 파도가
커다란 이빨로 산허리 허물어

인생살이 이야기들을 삼켜 버린다

돌이키지 못할 쓸쓸함도
홀로의 인생을 견디는
또다른 방랑자를 만나기 위해
희망의 약속 찾아가는 것이리니

돌아보지 마라
앞으로 더 나아가라
겸허하게
자기를 받아들이라고 속삭인다

봄의 목소리
― 겨울 정동진에 가면 · 4

겨울 정동진
마파람 날리는 바다
거센 파도 위에 등불 밝혀 놓고
바람의 길목을 지키는 등대
소라고동 피리를 분다

겨울 정동진
피리 소리 담긴 푸른 바다를
가슴에 안고 돌아와

높은 빌딩 사이로
가로등만 불 켜고 서 있는
텅 빈 도시에서
얼어붙은 잉크에 입김 섞어
사랑의 편지 쓴다

겨울등대 지키던
소라고동 피리 소리 길따라

대지를 뚫고 솟아오르는
뿌리의 노래
가로수 가지 끝에
생명의 봄이 움트는 소리를 불러온다

돈암동 파 할머니

돈암동 시장 어귀
매일 아침 파를 다듬는
할머니가 길 모퉁이에 있었다 일 년 내내
고개를 들지도 않고
파를 다듬는 할머니는
오직 파를 다듬기 위해 사는 사람처럼

매일 아침
채소 가게 어귀에 나와 앉아
머리가 하얀
파 껍질 벗기고 있었다

한번도 고개 들어 행인을 보지 않고
언제나 구부린 자세로
파를 다듬기만 하던 할머니가
어느 날,
꽃샘바람 지나가는
시장 어귀를 바라보고 있었다

잘 다듬은 파처럼 단정하게
흙 묻은 손으로 머리칼 쓸어올리는
파 할머니 얼굴에서 흘낏
돌보다 강인한
우리 어머니 얼굴을 보았다

구들장

인기척에 흠칫 놀라 단풍잎 흩날리는 가을
망월사 앞마당
구들장 뒤집어 불의 심장을 말리고 있었다

생솔가지 지피며 눈물 감추던 겨울
돌의 숨결에
침묵의 먹을 갈던 구들장 돌부처

홀연히 그가 밟고 간 먹구름 뒤의
천둥소리
환한 절 마당에 작파해버린 경전들

지옥의 유황불 치달린 가을 말발굽
망월사 앞마당
구들장을 뒤집어 바람의 갈기를 다듬고 있었다

해설

정신주의의 완성을 위하여

권혁웅

1.

최동호 시인의 새 시집은 정신주의에 바쳐진 하나의 경전이다. 시인이 오랫동안 전력을 기울여 정신주의의 이론을 다듬고, 그것의 실체를 규명하고, 그것의 갈래와 역사와 전망을 역설해 왔음은 잘 알려진 사실이다. 오래 전에 발표한 한 글에서, 시인은 정신주의가 토대로 삼아야 할 네 가지 명제를 다음과 같이 요약한 바 있다.

첫째, 과도기적 상황에서 언제나 새로운 역사 지평의 확대를 모색한다.
둘째, 정적인 시학을 부정하고 동적 시학을 지향하여 보수적 고착성을 타파한다.

셋째, 세속주의를 거부하면서 현실의 현실성에 대한 각성을 촉구한다.

넷째, 한국적인 신성함의 추구와 더불어 인간 존재의 고귀성을 고양한다.

—「정신주의와 우리 시의 창조적 지평」(1993)(『삶의 깊이와 시적 상상』, 민음사, 1995, 22면)

이 명제를 다음과 같은 부정어법으로 부연하여 설명할 수도 있을 것이다. 첫째, 정신주의는 현실도피적인 초월의 영역에 있지 않다. 그것은 역사성에 토대를 둔다. 둘째, 정신주의는 정형화된 시학에 반대한다. 시학의 진보성은 정신주의의 동력이다. 셋째, 정신주의는 상상적인 것(환상)이나 상징적인 것(이데올로기)의 영역을 넘어서 실재(현실)를 겨냥한다. 정신주의는 리얼리즘이다. 넷째, 정신주의는 육체와 영혼의 이분법에 반대하므로 그 가운데 어느 한편에 자리를 잡지 않는다. 그것은 육체의 과도한 강조가 야기하는 비속함에도, 영혼의 과도한 강조에 수반되는 관념성에도 경사되지 않는다. 정신주의는 전인(全人)의 철학이다. 이것은 당시에 정신주의가 많은 오해에 가려 제 모습을 온전히 보여주지 못했음을 암시하는 동시에, 이후의 성취를 통해서 그 가능성을 실현해야 할 과제를 갖고 있었음을 명시하는 것이었다.

그리고 16년이 지났다. 이제 새로운 시집을 통해서, 시인은 이 과제가 어떻게 수행되었으며, 어떤 결실을 맺었는지를 그 자신의 시작(詩作)을 통해서 명료하게 보여준다. 물론 그 사이에 다른 성과가 없었던 것은 아니다. 시집 『공놀이하는 달마』(2002)에서 시인은 『딱따구리는 어디에 숨어 있는가』(1995)의 문제의식을 잇고 넓히고 심화하여, 진리의 현실성과 역사성과 현존성에 관해 탐구하였다. 하지만 그 깊은 경지에도 불구하고 이 시집은 각 시편들에 붙은 부제("달마는 왜 동쪽으로 왔는가")가 밝힌 대로 불교의 공안에 대한 답변 형식으로 제출되었으며, 그래서 세속에 온전히 착근(着根)하기에는 너무 고결했다. 새 시집에서 불교의 세계는 전체가 아니라 일부분으로 겸손히 물러앉았고, 그 자리에 일상과 역사와 고전(古典)과 존재론이 들어섰다. 요컨대 새 시집은 이전 시집의 깊이와 치열함에 더하여, 더욱 넓은 품을 갖추고 있다.

2.

정신주의의 역사성에 관해서 먼저 이야기하자. 정

신주의가 헤겔의 시대정신(Zeit Geist)이라는 개념을 발전시킨 것임은 시인 스스로 밝힌 바 있다. "헤겔은 시대정신이 역사를 움직이는 형이상학적인 힘이며, 객관정신 속에 표현되는 민족정신이라 생각하였다." (『현대시의 정신사』, 열음사, 1985, 9면) 헤겔의 '정신'은 사실 신비주의나 초월주의와는 거리가 멀다. 그것은 유물론을 배제한 관념이 아니라 유물론을 경유한 관념이기 때문이다. 정신은 유물론의 절대적인 부정성을 자기 전개의 동력으로 삼는다. 더욱이 정신의 자기 전개는 역사의 전개 과정과 겹친다. 헤겔이 『정신현상학』의 '정신' 장(章)을 참다운 정신, 소외된 정신, 자기를 확신하는 정신으로 나누고 각각을 그리스 도시국가의 '인륜,' 기독교적 봉건 시대의 '교양,' 프랑스 혁명 이후의 '도덕성'에 할당한 것은 이를 잘 보여준다. 정신주의 시가 시의 역사적 전개과정, 곧 시사(詩史)의 맥락에서 그 구체적인 예증을 찾을 수 있을 것이라는 시인의 거듭된 언명은 이와 관련된 것이다. 정신주의 역시 역사의 구체적인 현장에서만 온전한 실체를 드러낸다.

아침 햇살에 어수선한 밤
이야기들 다 지우고

흰 플라스틱 포장지 풀어

거실 한쪽에 자리 잡게 하였더니

이사 온 새 집 허공을

부유하던 먼지들이 사유의 무게로 가라앉는다

젊은 석가는 이천 오백년 전 단식과

설산 고행 끝에

인간의 苦에 대한 사유를

꿰뚫어 마쳤다는데, 21세기 어느 무명의

조각가가 빚어낸 청동 반가사유상 앞에서

부유하던 마음이 평정을 얻는 것은

무슨 까닭일까. 이라크전의 불기둥이

경축일 불꽃놀이처럼 터지는 TV 옆에서

반가사유상은 지금 우리에게

무얼 말하고 있는 것일까.

바그다드 도심지가 청동의 대포에 무너지자

도적 떼들이 약탈을 자행하고

중생들은 축생처럼 도처에 널브러져

살생의 포연이 자욱한 자리에

한 송이 연꽃을 던지는 청동 반가사유상

—「반가사유상」부분(2~4연)

유비를 이루는 두 개의 국면이 있다. "이천 오백년 전 단식과/설산의 고행"을 했던 "젊은 석가모니"가 있고, "21세기" "이라크전의 불기둥"이 솟아나는 이 땅의 현실 옆에 자리한 "청동 반가사유상"이 있다. 세상이 기아와 살육의 현장이라는 전제가 같고, 그것을 받아들여야 "인간의 고(苦)에 대한 사유"를 끝마칠 수 있다는 생각이 같고, 거기서 얻는 "평정"과 "미소"가 같다. 본래 반가사유상은 석가모니가 태자였을 때 중생을 구제할 큰 뜻을 품고 깊은 생각에 빠진 모습을 형상화한 상이다. 그러니 하나가 다른 하나의 상징적 구현이라 할 만하다.

그런데 꼭 그런 것만이 아니다. 4연을 보자. "반가사유상은 지금 우리에게/무얼 말하고 있는 것일까./(……) 도적 떼들이 약탈을 자행하고/중생들은 축생처럼 도처에 널브러져" 현실이 훨씬 더 촉급하고 엄혹하다는 얘기다. 이 무서운 현실 앞에서 저 미소가 어떤 사유를 강제할 수 있을까. "포연" 속에서 핀 "연꽃"이란 과연 어떤 상징이겠는가. 이제 두 개의 국면은 유비에서 대조로 자리를 바꾼다. 이 대조에서 시인의 강조점이 현재, 곧 역사성을 부여받은 지금 이곳의 현실에 놓여 있음은 불문가지다. 예컨대, "부유하던 먼지들이 비스듬히 사유하며 가라앉는다." 이 먼지들은 한편으로는 반가사유상의 주변을 정돈하는 평정의 결과이지만, 다른 한편으로는 저 "포연이 자욱한 자리"에서 불어온 것이기도 하다. 먼지들은 고난의 현장만이 아니라, (나를 포함한) 보통 사람들의 속성이기도 하다. 같은 시의 마지막 연이다.

> 조용한 미소 말이 없어도
> 연꽃 물살 이랑을 넓혀가지만
> 아직도 나는
> 술냄새 풍기는 입으로
> 누항의 거리에서
> 사유하는 무명의 인간을 찾고 있다
>
> ―「반가사유상」(5연)

이제 사유의 주체는 반가사유상이 아니라, "허공중의 먼지"와 "무명의 인간"이 되었다. 지금 이 세상의 현실이 중요하고 이 세상을 살아가는 무명씨들의 삶이 중요하다는 전언이다. 「해리포터와 가출 소년」, 「기러기 아빠」, 「복제된 염소」, 「테크노피아의 유목민」, 「철원 공산당사」 등의 많은 시편들(주로 2부를 이룬다)이 이런 역사성의 지평 아래 놓여 있다. 혹은 현실에 대한 비판적 알레고리가, 혹은 일상에 대한 정겨운 소묘가, 혹은 아픈 역사에 대한 통찰이 이 시편들을 기술하게 만든 힘이다. 그 가운데 가장 아름다운 제유가 여기에 있다.

담배 피워 물고 자세히 보니
멀리 인수봉과 백운대가 병풍처럼 둘러서 있는데
아파트 벽돌담과 폐품 처리장 사이에
조그만 채마밭이 있었다 해질녘 누군가 채마밭에 나와
흙을 고르고 물을 뿌리고 있었다
폐품 처리장의 한 노동자가
찬거리라도 마련할 양으로
가을 배추씨 심고 있었을까

이사 첫날 밤 뒤척이는 마음을
벽돌담 사이
채마밭 일구는
그 손이 다독여 주었다

낯선 자리에서 몸 뒤틀던 책들도 그제서야
자리 잡는 것이었다
처음 본 넓은 공터가 아니라

벽돌담 사잇길 조그만 채마밭이

파지처럼 구겨진 마음을

흙 속에 갈무리해 주었다

—「아름다운 손」(2~4연)

새로 이사를 왔다. 베란다 앞 넓은 공터가 보기 좋아 온 집이다. 와서 보니 공터와 베란다 사이에 폐품 처리장이 있었다. 내게는 "함께 살아온 책"이 "백여 상자"나 있는데, 이제 "폐품 처리장에서 포자처럼 날아드는/지난 기억들"까지 감당해야 할 판이다. 그런데 더 자세히 보니 "아파트 벽돌담과 폐품 처리장 사이에" 채마밭이 있었다. 여기에 나와서 채마밭을 매는 한 노동자가 있었다. 보통 노동력을 '일손'(일하는 손)이라 부른다. 이 제유는 사람을 노동하는 역할과 기능으로 축소, 환원하는 비인간적인 비유다. 그런데 시인은 그의 손길을 자신과 책과 세상을 갈무리해주는 '아름다운 손'이라 부른다. 이제 그 손은 '노동력'의 단위가 아니라 '쓰다듬는 손길'을 대신하는 위로의 표상이 되었다. 실로 우리에게는 많은 공터와 폐품 처리장과 채마밭과 서가가 있다. 휴식과 망각과 노동과 지식을 저 네 장소가 표상한다. 이것들을 두루 쓰다듬는 저 손길은, 노동과 결합한 위안, 생산과 결합한 휴식의 손길이다. 여기엔 낮에는 노동하고 밤에는 시를 짓는, 마르크스가 오래 꿈꿔온 해방된 노동자의 모습이 얼비친다. 이것이 초월과 달관의 반대자리에 놓인 정신주의의 역사성이며, 정신주의의 전망이다.

3.

정신주의의 미학적 진보성을 확인하기로 하자. 시인은 이를 정적인 시학을 타파하고, 동적인 시학을 수립하는 과제로 파악했다. 이미지의 동력학(動力學)이 있고, 사유의 동력학이 있다. 시인이 예로 든 박용하의 「나무들은 폭포처럼 타오른다」가 전자의 예라면, 신경림과 박노해와 백무산의 시는 후자의 예가 될 것이다. 그렇다면 이런 시는 어떤가?

> 부싯돌에 잠들어 있던
> 내 사랑아!
> 푸른 사랑의 섬광
> 가슴에 지피고 불 속으로 날아가는
> 무정한 사랑아!

소용돌이 치는 어둠에서
탄생한 유성이
지구 저편 하늘을 후려쳐
다른 세상을 열어도
태초의 땅에 뿌리 박혀 침묵하는

서슬 푸른 돌의 사랑아!

유성이 유성의 꼬리를 잘라
번갯불 밝히는 밤
은하 만년을 날아서라도 나는
네 얼굴 보고 싶다

영롱한 생명의 빛
불꽃 가슴을 점화시켜 다오
비단벌레 날개빛 내 사랑아!

―「불꽃 비단벌레」 전문

  돌과 불꽃이 만나고, "은하 만년"과 섬광이 이는 한 순간이 만난다. 저렇듯 오랜 기다림과 강렬한 점화의 순간으로 이루어진 시간을 사랑의 시간이라고 부를 수밖에는 없을 것이다. 부싯돌에 빗대어진 사랑은 "서슬 푸른" 혹은 "영롱한 빛" 돌의 사랑이다. 그것은 날카롭고(혹은 기세가 등등하고) 싱싱한 사랑이며, 맹렬하고(푸른색은 매우 높은 온도다) 아름다운 사랑이다. 그것은 섬광처럼 짧고 강렬하게 점화될 그 순간까지 "태초의 땅에 뿌리 박혀 침묵하는" 길고긴 기다림의 시간이다.

이것은 이미지의 동력이자 사유의 동력이지만, 그 둘만으로 지칭할 수 없는 그 무엇이기도 하다. 나는 이를 믿음의 동력학이라 부르고 싶다. 그것이 부싯돌의 존재 형식이기 때문이다. 부싯돌은 점화될 그 한 순간을 위해, 제 몸을 "불꽃 가슴"으로 바꾸었다. 저 미래의 "섬광"은 지연될수록 강렬하고 연기될수록 절실할 것이다. 그리고 그것은 마침내 (시인이 시에 붙인 주와 같이) 천년이 지난 후에도 "비단벌레 날개를 장식으로 사용"하는 그지없이 아름다운 빛을 발할 것이다. 이 미래에 대한 예견은 반드시 그렇게 될 것에 대한 예견이며, 그로써 땅에 묻힌 장구한 세월이 그 실현될 순간을 위한 잠재태로 기능하게 된다. 그러니 이를 믿음의 동력이라 불러도 좋으리라. 3부에 실린 아름다운 변신담들이 이런 믿음을 구현하고 있다. "수백만 개의 공이 후두두둑 꽃처럼 피어"나는 공놀이 이야기(「수백만 개의 공놀이」, 「공놀이하는 달마」가 보여주었듯 이 공은 공[球]이자 공[空]이기도 하다), 박수근의 그림 속에 환생한 아사녀들의 이야기(「박수근」), 아이와 개와 몸을 바꾸는 노인의 이야기(「노인과 수평선」), 그림 속의 흰 수염 노옹과 나의 대화 이야기(「몽유조어도」), 늙은 떠돌이 술친구로 변한 술집 천장의 서까래 이야기(「인사동 이야기」), 어머니에 대한 그리움을 장자의 나비와 카프카의 벌레에 의탁해 적은 이야기(「카프카와 석가와 장자와 어머니, 어머니」)가 모두 그렇다. 그 가운데 멋진 유머 한 토막을 옮겨 적는다.

    검버섯투성이 부도 위로 살그머니 내려 쌓이는
    함박눈
    허공이 하아 하고 입김을 토하다
    함박눈!
    하고 허공의 함박눈을 불러 본다

    쌓이다 말다 조용히
    가려던 함박눈이
    허공에서 남김없이 파선하듯
    스스로 부스러지며 굴러 떨어진다

부도 속 조사가

부르다가 깨우치지 못한
허공의 소리 들었나 보다
몇 백 년 전
낡은 옷 벗고 간 조사가

함박눈! 하고
튀밥처럼
허공의 빈터 깨우던 소리가
하늘에 울려 퍼진다

―「함박눈」 부분(1~4연)

 부도 위에 함박눈이 쌓이다 부서져 내렸다. 부도의 주인인 조사가 눈이 쌓이고 떨어지는 소리에 놀라 깨어 웃었다. 이 길지 않은 소묘를 지탱하는 것은, 함박눈이 내리고 쌓이는 소리를 포착해내는 예민한 감각인데(5연에서 시인은 "함박눈"이란 발음이 "튀밥" 터지는 소리 같다고 말한다. 과연, 그렇다!), 이 감각에 힘입어 단순할 수도 있었을 의인화가 아연 생기를 띠게 된다. 보라, 저 "검버섯"은 낡고 이끼 낀 부도의 모습이다가, 부도 속 조사의 "낡은 옷"이다가, 마침내 조사 자신의 "검버섯 핀 얼굴"로 변하지 않는가? 함박눈이 부도 위에 쌓였다 떨어져 내릴 때, 모습을 드러내는 것은 부도가 아니라 조사 자신이지 않은가? 적막이 소리를 키운다. 이게 감각의 동력이다. 조사의 골똘한 생각이 함박눈 내리는 소리를 "깜짝 놀라"서 듣게 만들었다. 절묘한 웃음을 주는 시다. 이것이 정적인 시, 순수주의 시와 차별화되는 정신주의 시의 동력학이다.

4.

정신주의의 리얼리즘에 관해 살펴보자. 시인은 그것이 통상의 민중주의와 다른 것임을 지적하면서도 민중시들의 빼어난 성취를 도외시하지는 않으며, 도시적 세속주의를 경계하면서도 그것이 고통의 표현임을 부정하지는 않는다. 정신주의는 이 둘과 어떻게 다른 길을 갈까? 정신은 현실성(reality)을 어떻게 구현하는가? 헤겔의 말을 들어보자. "정신의 첫 번째 현실성은 종교의 개념, 다시 말하면 직접적이고 따라서 자연적인 종교이다. 여기서는 정신이 자기를 자연 그대로의 직접적인 형태를 띤 대상으로 받아들인다.

두 번째 현실성은 자연적인 요소를 탈피한 자기의 형태 속에서 자기를 인지하는 것이 되지 않을 수가 없다. 이것이 곧 예술종교이다. 형태가 자기의 모습으로 고양되기 위해서는 의식이 대상을 창출해야만 하는데, 이렇게 되었을 때 의식은 대상 속에서 자신의 행위와 자기를 직관하는 것이다. 마지막 세 번째 현실성은 앞의 두 경우에 안겨져 있던 일면성을 제거한 것으로서, 여기서는 자기가 하나의 직접적 존재인 것 못지않게 직접성이 그대로 자기가 되어 있다. 첫 번째 현실성에서 정신이 의식의 모습을 하고 두 번째 현실성에서 자기의식의 모습을 띤다고 한다면 세 번째 현실성에서는 정신이 이들 양자를 통일한 것, 즉 절대적 존재의 형태를 띠게 된다."(헤겔, 「정신현상학 2」, 임석진 역, 한길사, 2005, 247면) 정신이 현실성을 외화(外化)하는 단계가 위와 같다. 첫 번째 단계는 정신이 자연에서 자신의 모습을 직접 발견하는 '의식'의 단계다. 여기서는 자연의 속성(예컨대 '빛'과 '어둠')이 의식의 본질을 이룬다. 그것은 주어져 있는 것(자연)을 정신의 표현으로 여긴다. 두 번째 단계에서 정신은 자연 너머에서, 곧 자기표현의 형식 속에서 자신을 찾는다. 이제 정신은 대상을 스스로 만들어낸다. 이것이 '자기의식'의 단계다. 전자의 정신이 실체라면, 후자의 정신은 주체다. 마지막 단계에서 정신은 대상에서 촉발된 '의식'과 대상을 창출해내는 '자기의식'을 통일하여, 존재와 본질의 통일을 이룬다. 정신은 이제 주어져 있는 것과 만들어낸 것을 넘어서 스스로 성육화(成肉化)된다. 이것이 절대적 존재다.

헤겔이 염두에 두고 있는 것은 각각 동양의 신상과 신전(첫 번째 자연종교), 그리스 예술(두 번째 예술종교), 기독교(세 번째 계시종교)지만, 이를 헤겔의 본의와 상관없이 시학의 차원에서 전유할 수 있을 것 같다. 우리는 '의식'의 단계를 (시인이 말한 바) 세속주의로, '자기의식'의 단계를 민중주의로 변환하여 읽을 수 있을 것이다. 세속주의는 자본주의가 야기하는 고(苦)와 통(痛)을 날카롭게 표현했다. 세속주의는 주어져 있는 (자연) 현실에서 단말마의 비명이나 에로스의 황홀을 전사(轉寫)했다. 하지만 거기에는 타락에 대한 고발과 육체에 대한 탐닉이 있을 뿐 그것의 극복과 승화와 대안이 없다. 그것은 현실의 즉자적 의식에 불과했다. 민중주의는 민중이라는 대상을 창출하였고 거기에서 정신의 근거를 발견하였다. 고난받는 농민과 노동자라는 형상은 스스로를 표현하면서 새로운 현실의 모색을 가능하게 했다. 하지만 거기에서 정신은 민중이라는 외화된 형식에 얽매여 진정한 내면의 형식을 발현하지 못했다. 민중이라는 대상 속에서 정신은 스스로 소외되었다. 이제 정신은 세 번째 단계, 곧 있는 그대로의 현실과 대상화된 현실을 넘어서, 새롭게 만들어가야 할 현실에 주목해야 한다(시인은 조정권과 정현종의 시에서 그 예를 찾은 바 있다). 그것은 현실적이면서도 이상적이고, 자연적이면서도 독창적이며, 외면적이면서도 내면적이어야 한다. 여기, 그 한 예가 있다.

> 돈암동 시장 어귀
> 매일 아침 파를 다듬는
> 할머니가 길 모퉁이에 있었다 일 년 내내
> 고개를 들지도 않고
> 파를 다듬는 할머니는
> 오직 파를 다듬기 위해 사는 사람처럼
>
> 매일 아침
> 채소 가게 어귀에 나와 앉아
> 머리가 하얀
> 파 껍질 벗기고 있었다

한번도 고개 들어 행인을 보지 않고

언제나 구부린 자세로

파를 다듬기만 하던 할머니가

어느 날,

꽃샘바람 지나가는

시장 어귀를 바라보고 있었다

잘 다듬은 파처럼 단정하게

흙 묻은 손으로 머리칼 쓸어올리는

파 할머니 얼굴에서 흘낏

돌보다 강인한

우리 어머니 얼굴을 보았다

—「돈암동 파 할머니」 전문

시장 어귀에서 파를 다듬는 할머니가 있다. 파를 다듬는 일과 할머니는 분리되지 않는다. 그 동작과 모습이 할머니의 존재 형식이기 때문이다. 1연의 동어반복이 뜻하는 바가 이것이다. "파를 다듬는 할머니는/오직 파를 다듬기 위해 사는 사람처럼." 이 형상이 노동에 종속된 노동자(이를테면 앞에서 얘기한 것과 같이, 일손으로 대표되는 노동자)를 보여주는 것은 더욱 아니다. 할머니는 어떤 기능과 역할로 축소되

거나 환원되지 않았다. 보라, 저 할머니의 모습이 곧 "머리가 하얀/파" 자체가 아닌가. 파를 다듬는 할머니는 파를 다듬는 일로써 '현상'하며, 그 일은 그분에게 '본질 구성적'이다. 그러던 할머니가 어느 날 고개를 들어 시장어귀를 보았을 때, "잘 다듬은 파처럼 단정하게 머리칼을/흙 묻은 손으로 쓸어올리는" 돌보다 강인한 얼굴이 드러났다. 파를 다듬는 일이 할머니 자신을 다듬는 일이었다는 뜻이다. 여기에서 시가 끝났다면, 대상의 존재와 본질이 파 할머니에게서 통일되기는 하였으나, 정신이 스스로를 표현할 자리가 얻어지지는 못했을 것이다. 마지막 부분에 이르러, 그분은 "우리 어머니의 얼굴"로 전환된다. 이제 정신은 대상 속에서 자신의 온전한 발화의 근거를 찾는다. 그 분은 나와 무관한 대상이 아니라, 내 목소리의 원천이었던 것이다.

이 시와 같은 공간을 그린 작품이 몇 페이지 앞에 실려 있다. 그런데 전체의 상황과 어조가 사뭇 다르다.

좌판 위 생태가
무거운 눈알 힘없이 내리깔고 돌아눕자
생선 날비린내가

훅 끼쳐와 나도 모르게
고개 돌리고
돌부리에 채인 것처럼 발걸음 빨리 놓는
돈암동 시장 골목길
상한 생선 내장처럼 구불퉁한
길바닥
생선비늘 같은 빗방울이 등뒤를 쫓아온다

—「돈암동 시장」 부분(3연)

　같은 "돈암동 시장"이지만, 이곳에 편만한 것은 추위와 "생선 비린내"다. 삶의 곤고함에 대한 환정적(喚情的) 이미지라 해야 옳을 것이다. 이곳의 주민도 그런 부정성에 깊이 침윤되어 있다. "어물가게 아주머니는 더 춥다고/두꺼운 담요 속으로/달팽이처럼 파고든다." 저 아주머니는 파 할머니와 또 얼마나 다른가. 그런데 파 할머니가 있는 공간에 진입하기 위해서는 이런 부정성의 공간을 생략하지 않아야 한다. "직관에서 정신은 이제 겨우 즉자적일 뿐이다. 정신은 이 상태를 대자를 통해, 부정성을 통해, 즉자의 분리를 통해 보충하며 자신 속으로 되돌아온다."(헤겔, 『예나 시기 정신철학』, 서정혁 역, 이제이북스, 2006, 84면) 직관을 파고 들어온 추위와 비린내는 순수한 부정성의 공간을 만들어낸다. 이 부정성을 경유해야 대자적인 공간, 곧 파 할머니가 있는 공간으로 진입할 수 있는 것이며, 여기에서 즉자대자적인 공간 곧 할머니=어머니가 있는 공간으로의 상승이 준비되는 것이다. 부정성을 경유하여 이런 화해에 이르는 시편들은 시집의 곳곳에 자리하고 있다. "여름 종로의 보도블록" 아래서 "바다"를 찾아내는 안목이 그렇고(「사람의 바다」), "잠 깬 아이 눈망울에서" 이승과 저승의 그림자를 찾아낸 "패랭이 나비"의 날갯짓이 그렇고(「패랭이꽃 나비」), "벽돌담"에서 푸른 바다를 도출한 상상이 그렇고(「담쟁이」), "히말라야 고산족들"의 얼굴에서 "정결한 히말라야 꽃"을 발견한 시선이 그렇고(「설산의 흰눈」), "죽 한 그릇"에서 전생과 이생을 관통하는 사랑의 온기를 느낀 감각이 그렇다(「따뜻한 죽 한 그릇」). 이 모든 상상력은 부정의 자리(예컨대 "어물가게 아주머니")를 경유하여, 긍정의 모멘텀(예컨대 "파 할머니")을 품은 채, 절대의 경지(예컨대 "어머니")로 상승하는 정신의 운동을 보여주는 것이다. 이것이 세속주의, 민중주의와 대척점에 놓인 정신주의 시의 사실성이다.

5.

 마지막으로 정신주의의 전인적(全人的) 측면에 관해 알아보자. 육체와 영혼(정신)을 갈라 생각하는 이 분법적 사유가 오랜 폐해를 낳았음은 거듭 지적되어 온 사실이다. 시인은 서구 이성 중심의 이원적 일원론과 포스트 모더니티가 주창한 다원주의 모두를 반대하고 다원적 일원론을 제창하였다. '정신'이 헤겔의 용어라 해서 정신주의가 서구 관념론의 영향 아래 있다는 비판은 성급한 단견이다. 불교와 노장사상을 포함한 동양의 전통에 대한 시인의 깊은 이해를 생각해 보더라도 이 점을 의심할 수는 없다. 시인이 구현한 정신주의의 휴머니티란 어떤 것일까?

> 인기척에 흠칫 놀라 단풍잎 흩날리는 가을
> 망월사 앞마당
> 구들장 뒤집어 불의 심장을 말리고 있었다
>
> 생솔가지 지피며 눈물 감추던 겨울
> 돌의 숨결에
> 침묵의 먹을 갈던 구들장 돌부처

홀연히 그가 밟고 간 먹구름 뒤의
　　천둥소리
　　환한 절 마당에 작파해버린 경전들

　　지옥의 유황불 치달린 가을 말발굽
　　망월사 앞마당
　　구들장을 뒤집어 바람의 갈기를 다듬고 있었다
　　　　　　　　　　　　　　　　　　―「구들장」 전문

　감히 말하자면, 이 시집을 통틀어 가장 아름다운 시 가운데 하나가 이 시가 아닐까 싶다. 표제 시인 「불꽃 비단벌레」가 비단벌레와 불꽃의 만남에 대한 기록이라면, 이 시는 불("불의 심장")과 물("침묵의 먹")과 바람("바람의 갈기")과 돌("구들장")의 만남을 기록한 경전이다. 그 모든 것이 모여 "구들장 돌부처"가 되었으니, 저 침묵의 부처들은 얼마나 아름다운가. 저들이 앞마당에 모여 볕을 쬐고 있으니, 저들의 양지는 또 얼마나 성스러운가.
　앞에서 말한 개별적 요소들은 시에서 또 나뉘어 기록되었다. 이런 분할과 통합이 시를 매우 풍요롭게 해준다. 각각의 요소에 비추어 시를 읽어보자. ① 불: "불의 심장"와 "지옥의 유황불"이 있다. 전자는 다시 성애(불은 저 구들장을 핥았다)와 독경(불이 저 경전을 읽었다)으로, 후자는 고통(불은 유황불만큼이나 뜨거웠다)과 지극함(구들장은 그것을 다 참아냈다)으로 의미화 된다. ② 물: "침묵의 먹"과 "눈물"이 있다. 전자는 다시 불립문자(구들장은 문자 없이 쓴 경전이다)와 묵언(구들장은 아무 불평도 없이 제 임무를 다 했다)으로, 후자는 자기희생과 고통으로 의미화 된다. ③ 바람: "바람의 갈기"와 "천둥소리"가 있다. 전자는 다시 성애(바람이 구들장을, 구들장이 바람을 애무했다)와 청신함(구들장 돌부처는 드디어 수행을 마치고 밖으로 나왔다)으로, 후자는 파계(작파해버린 경전들이 있다)와 격려(천둥은 "할!" 소리다)로 의미화 된다. ④ 돌: "구들장 돌부처"와 "경전"이 있다. 둘은 이 모든 요소들을 껴안아, 스스로 깨달은 자의 표상이 되거나 깨달음의 기록이 되었다. 여기서 무수한 잠언들을 도출할 수도 있을 것이다. 도를 깨달아가는 과정은 성애의 순간들만큼이나 황홀한 과정이다, 자기희생만큼 진리를 성취하는 데 좋은 방법은 없다, 제 일을 묵묵히 하는 수많은 장삼이사가 모두 부처다…… 이 모든 걸 제 몸에 구현한 부처가 바로 구들장이었다. 제 자신을 뜨겁게 달궈 뭇사람들의 몸을 덥힌 구들장 말이다.

인간 존재의 고귀성, 또는 전인성에 대한 정신주의의 관심은 (시인이 말한 바) 파괴주의의 반대 자리에 있다. 파괴주의란 해체와 실험의 동인(動因)에 붙인 이름인데, 해체와 실험이 방법론적인 파괴를 수행하다가 인간성의 부정과 파괴에 이르고야 마는 부작용을 경계한 것이다. 시인은 정신주의가 인간에 대한 깊은 이해와 존재론적 통찰에 이르러야 함을 역설하고 있다. 이런 전인이 시인이 노래한바 "그리운 눈동자 초록별 시인"(「초록별 시인의 노래」), 바로 그다. 이것이 파괴주의를 넘어서 가 닿고자 하는 정신주의의 전인성이다.

6.

정신주의의 네 가지 명제에 기대어 최동호의 새 시집을 읽었다. 시인은 "정신주의의 구극을 가고 싶었다"(「시인의 말」)는 말로, 이 시집의 목표를 간명하게 요약하였다. 검토한 바와 같이, 시인의 소망은 충분히 달성된 것 같다. 시인은 오래 전의 전망과 예측을 실재하는 것으로 바꾸어냈다. 정신주의가 소망하는 아름다운 경지가 드디어 세상의 그림자가 되었다. 이제 세상은 정신의 절대성(현상과 본질의 일치)이 발현되는 시간이자 공간이다. 그곳에 이르기 위해서, 이 시집은 유용한 안내서가 되어줄 것이다.

제2판을 간행하며

 지난 봄 이 시집 초판이 간행되자 여러 독자들이 보여 준 기대 이상의 호응과 관심은 필자 자신에게 조금은 당황스러울 정도였다. 그러나 시간을 두고 다시 검토해 보니 아직 미진한 부분이 많이 보여 제2판 발간을 계기로 수정을 가하였다. 지난 몇 달 동안 고심하면서 첨삭을 가해 상당 부분 새로운 모습을 보여 줄 것이라고 믿는다. 독자 제현의 양해를 구한다.

 지금 돌아보니 감사드려야 할 분들이 많다. 헝클어진 시집의 묶음을 처음 읽고 솔직한 소감을 말해 준 방민호 시인 그리고 다양한 의견을 개진해 준 장만호, 장석원, 김문주, 여태천 시인 평론가에게 고마움을 표한다. 또한 훌륭한 해설로 시집의 좌표를 설정해 준 권혁웅 평론가에게도 감사한다. 그들 모두 문학적 동지들이다. 특히 여러 차례 원고를 읽고 구체적으로 고견을 말해 주신 이명자 선배에게 깊은 감사와 존경을 보낸다.

 아직도 완결되지 못한 부분이 많이 남아 있을 것이다.

그러나 일단 여기서 이 판을 확정하고자 한다. 보다 견고해진 모습으로 이 시집이 독자들에게 받아들여지기를 기대해 본다.

  불완전하고 몽매한 자신의 시 앞에 선다는 것은 언제나 두려운 일이다.

2009년 가을
최동호

약력

1948년 경기도 수원 출생

고려대 국문과, 동대학원 문학박사

경남대와 경희대 교수를 역임, 현재 고려대 문과대 국문과 교수

Iowa 대학, 와세다 대학, UCLA 등에서 방문, 연구교수로 동서시 비교 연구

시집 『황사바람』(1976), 『아침책상』(1988), 『공놀이하는 달마』(2002) 등과
시론집 『현대시의 정신사』(1985), 『디지털 문화와 생태 시학』(2000), 『진흙 천국의 시적 주술』(2006) 등이 있다.

서정시학 시인선 |030|
불꽃 비단벌레

2009년 2월 25일 초판 1쇄 인쇄
2009년 11월 2일 재판 1쇄 인쇄

지은이 | 최동호
펴낸이 | 김구슬
펴낸곳 | 서정시학
편　집 | 최진자

주　소 | 서울시 성북구 동선동 1가 48 백옥빌딩 6층
전　화 | 02-928-7016　팩　스 | 02-922-7017
이메일 | poemq@dreamwiz.com
출판등록 | 209-07-99357

은행계좌 | 국민은행 : 070101-04-038256(김구슬)
ISBN 978-89-92362-51-1　03810

값　8500원

잘못된 책은 바꾸어 드립니다.